Dieses Buch kann alleine lesen:

_____

Die schönsten Silben-Schul-Geschichten

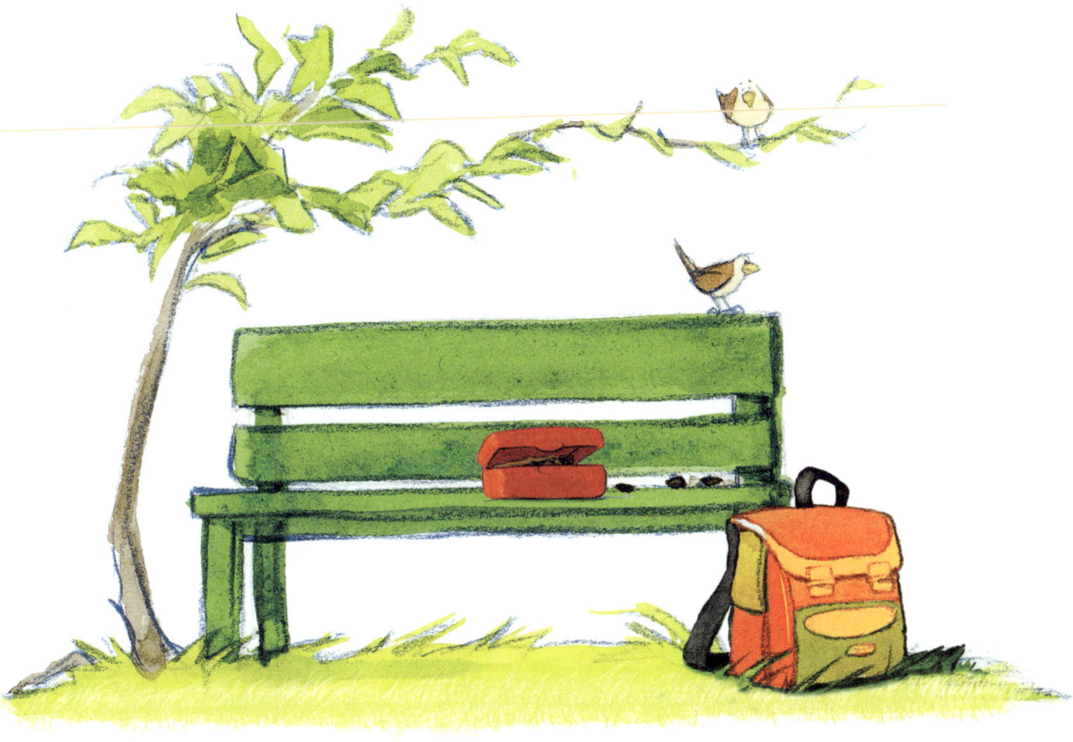

CARLSEN

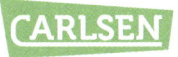

Silbe für Silbe zum Lese-Erfolg

Liebe Eltern,

Leseanfänger lesen langsam. Sie müssen jedes Wort Buchstabe für Buchstabe, Silbe für Silbe erlesen. Alle Wörter der Geschichten in diesem Band sind in farbigen Silben markiert. Diese kurzen Buchstabengruppen können Leseanfänger schneller erfassen als das ganze Wort.

Bei den markierten Silben handelt es sich um Sprechsilben. Das heißt, die Wörter sind so in Silben aufgeteilt, wie sie gesprochen werden. Die Sprechsilben entsprechen fast immer auch der möglichen Worttrennung, also den Schreibsilben.

Nur bei der Trennung einzelner Vokale gibt es einen Unterschied: Nach den aktuellen Rechtschreibregeln werden einzelne Vokale am Wortanfang oder -ende nicht abgetrennt. Beim Sprechen unterteilen wir solche Wörter jedoch in mehrere Silben, daher sind sie in diesem Band ebenfalls mit unterschiedlichen Farben markiert: Oma, Radio.

Ihnen und Ihrem Kind viel Spaß beim Lesen!

Inhalt

Lilli tauscht ihr Pausenbrot

Eine Geschichte von Dagmar Hoßfeld
mit Bildern von Gerhard Schröder

Tofu, Soja und Salat

Lilli weiß,
dass ihre Mutter es gut meint,
wenn sie ihr jeden Morgen
ein gesundes Pausenbrot einpackt.
Aber muss es immer das dunkelste
Vollkornbrot sein,
das es beim Bäcker gibt?

10

Das allertrockenste Vollkornbrot,
noch dazu mit fader Tofupaste,
Sojasprossen und
labbrigem Salatblatt drauf?
Und das jeden Tag?
Brr! Lilli schüttelt sich,
wenn sie nur daran denkt.

11

In der großen Pause
sitzt Lilli auf der Bank.
Sie dreht ihr Brot hin und her
und knabbert eine kleine Ecke ab.
Jonas, der neben ihr sitzt,
beißt in seinen Keks.

Lilli ist neidisch.

Jonas hat immer so leckere Sachen mit.

Jeden Tag einen Keks.

Und dazu Obst. Immer anderes!

Kirschen

Melone

Pfirsich

Erdbeeren

Weintrauben

Banane

Lilli steht auf, um mit Anna
Tischtennis zu spielen.
Das angebissene Brot lässt
sie einfach auf der Bank liegen.
Von ihr aus können es
die Spatzen fressen.
Oder sonst wer.

14

Als es klingelt, läuft Lilli
mit den anderen in die Klasse.
Sie hat jetzt richtig Hunger.
Jonas hält sie fest.
„Du hast dein Brot vergessen", sagt er
und wedelt mit dem angebissenen
Vollkorn-Tofu-Sprossen-Salatbrot
vor ihrer Nase herum.

Leserätsel

Kreuze an, was richtig ist!

Was hat Lilli auf ihrem Pausenbrot?

- [ ] Einen Hamster
- [ ] Tofu, Sojasprossen und Salat
- [ ] Marmelade
- [ ] Eine alte Socke

Was macht Lilli damit?

- [ ] Sie benutzt es als Tischtennisschläger.
- [ ] Sie lässt es liegen.
- [ ] Sie wirft es weg.
- [ ] Sie isst es auf.

16

Hilfe, der Belag auf den Brotscheiben ist verrutscht! Bringe die Buchstaben in die richtige Reihenfolge und finde die Lösungswörter.

Ein guter Tausch?

„Mist!", sagt Lilli.

„Nicht mal die Spatzen fressen es!"

Jonas guckt sie fragend an.

„Du kannst es gerne haben",

sagt Lilli.

Im Nu hat Jonas

das Brot verputzt

und reibt sich den Bauch.

18

„Lecker", sagt er.

„Ich hab immer nur Obst mit."

Da hat Lilli eine Idee.

„Morgen tauschen wir!

Dann bekommst du wieder

so ein leckeres Brot",

sagt sie zu Jonas.

„Abgemacht", meint Jonas und wischt sich

den letzten Tofukrümel vom Mund.

Als Lilli nach Hause kommt,
steht Oma in der Küche.
Lilli freut sich.
Wenn Oma zu Besuch kommt,
gibt es jeden Tag Lillis Lieblingsessen.
Pfannkuchen mit Vanilleeis zum Beispiel.
Außerdem kann Oma toll Fußball spielen.
Das machen sie nach dem Mittagessen.

Am nächsten Morgen verschlafen
Lillis Eltern.
„Schnell, schnell!", jammert Mama.
Lilli beeilt sich.
Sie will schon loslaufen,
da gibt Oma ihr noch die Frühstücksbox.
Sie ruft ihr etwas hinterher,
aber Lilli ist schon um die Ecke gesaust.

In der ersten Stunde schreibt
Lillis Klasse ein Diktat.
Danach haben sie Sport.
Jonas tippt Lilli auf die Schulter.
„Hast du an mein Brot gedacht?",
will er wissen.
„Klar", sagt Lilli.

22

In der Pause setzen sie sich
unter einen Baum.
Lilli gibt Jonas ihre Frühstücksbox
und bekommt dafür einen Keks
und eine Birne.
Lecker! Lilli hat Hunger.
Sie verschlingt den Keks und
beißt in die Birne.

Leserätsel

Was bekommt Lilli von Jonas?

S   Ein Spiel

B   Eine Birne

U   Die Hausaufgaben

H   Eine Kopfnuss

R   Einen Keks

Was isst Lilli besonders gern?

L   Spinat mit Spiegelei

A   Rote Grütze
mit Schlagsahne

O   Pfannkuchen mit Vanilleeis

24

Das Schönste an der Schule sind die …

M Lehrer.

T Pausen.

K Diktate.

Die Buchstaben neben den richtigen
Antworten verraten, was Lilli jeden Tag
mit in die Schule nimmt:
ein gesundes VOLLKORN __ __ __ __ .

So ein Mist!

Jonas öffnet die Frühstücksbox.

„He, was ist das denn?", ruft er.

„Das ist ja total verkehrt!"

Lilli wirft einen Blick

auf das total verkehrte Brot.

„Das darf ja echt nicht wahr sein!",

schimpft sie.

26

In ihrer Frühstücksbox liegt
keine gesunde Vollkornschnitte,
sondern eine große Scheibe Weißbrot,
dick bestrichen mit Erdbeermarmelade.
Weißbrot mit Marmelade
ist Lillis absolutes Lieblingsbrot!

So ein Mist!
Ausgerechnet heute hat Lillis Oma
das Brot geschmiert.
Lilli hält Jonas
die angebissene Birne hin.
„Willst du die wiederhaben?",
fragt sie kleinlaut.
Aber Jonas probiert schon
Omas Pausenbrot.

28

„Nö", mümmelt er.
„Das hier ist ja noch besser
als das von gestern!"
Das glaubt Lilli ihm aufs Wort.
Und dann beschließt sie,
ihr Pausenbrot nicht mehr
zu tauschen.
Jedenfalls nicht, solange Oma
zu Besuch ist!

Infoseite
Die leckersten Pausenbrote
der Welt

Das Schokokussbrötchen

Du brauchst: 1 knuspriges Brötchen,
1 Schokokuss.
Einfach den Schokokuss zwischen
den Brötchenhälften platt drücken.
Fertig!

Der Gemüsegarten

Du brauchst: 1 Brotdose,
Kresse, 2 Scheiben Vollkornbrot,
Käsescheiben, Minitomaten,
Radieschen.
Die Brotdose mit Kresse
füllen, dann das
Käsebrot hineinstellen.
Und jetzt den „Garten"
mit Tomaten und
Radieschen „bepflanzen"!

Die schwarz-weiße scharfe Schnitte

Du brauchst: 2 Scheiben Pumpernickel, Quark, etwas Sahne, Honig zum Süßen.

Den Quark mit der Sahne und dem Honig verrühren, bis eine leckere Masse entsteht. Eine Scheibe Pumpernickel mit der Masse dick bestreichen und die zweite Scheibe darauflegen.

Das Wolkenkratzer-Sandwich

Du brauchst: mehrere Scheiben Toastbrot, möglichst viele deiner Lieblingsbrotaufstriche.

Die Toastscheiben mit den Belägen bestreichen. Dann alle Scheiben mit ein bisschen Druck zusammenpressen. Diese dann so lange übereinanderstapeln, bis ein kleiner Wolkenkratzer entsteht.

S. 16 / 17:
Tofu, Sojasprossen und Salat
Sie lässt es liegen.
Verrutschter Belag:
Honig, Salami, Käse, Gurke

S. 24 / 25:
Lilli bekommt von Jonas eine Birne
und einen Keks.
Lilli isst besonders gern Pfannkuchen mit Vanilleeis.
Das Schönste an der Schule sind die Pausen.
Das Lösungswort lautet VOLLKORNBROT

Lösungen

Viel Wirbel um den Knopf im Ohr

Eine Geschichte von Ursel Scheffler
mit Bildern von Marion Elitez

Nichts als Musik im Kopf

Seit Olli den kleinen MP3-Player hat,

flitzt er nur noch mit „Knopf im Ohr"

in der Gegend herum.

Als er beim Essen sitzt,

starrt er vor sich hin und

wackelt im Takt der Musik mit dem Kopf.

„Sieht ganz schön bescheuert aus",
findet seine kleine Schwester Nelli.
„Nimm die Dinger raus", sagt Mama.
„Ihr versteht eben nix von Musik",
knurrt Olli und gehorcht widerwillig.
Nach dem Essen stopft er die kleinen
Kopfhörer wieder ins Ohr.

Draußen ziehen Gewitterwolken auf.
„Olli, kannst du bitte das Altpapier
zum Container bringen?
Schnell, ehe es zu regnen anfängt!",
ruft Mama.

„Olli! Olliii!", ruft Mama noch mal lauter.

Aber es kommt keine Antwort.

Hört Olli nicht?

Oder will er nicht hören?

Wo steckt er nur?

Eben ist er doch noch

an der Küchentür vorbeigeflitzt.

Mama macht sich auf die Suche.

Olli ist in seinem Zimmer.
Er hat den Kopfhörer auf und
tanzt mit elegantem Hüftschwung
um seinen Schulranzen herum.
Er hört gerade die CD,
die Mia so gern mag.
Mia geht in seine Klasse.
Sie hat ihm die CD geliehen.

Olli macht die Augen zu
und denkt an Mia.
Er bemerkt gar nicht,
wie Mama ins Zimmer kommt
und den Stecker vom CD-Player
aus der Steckdose zieht.

Leserätsel

Was trägt Olli ständig im Ohr?

R Einen Zopf

M Einen Knopf

K Einen Schopf

Womit flitzt Olli durch die Gegend?

O Mit einem Mofa

A Mit einem Surfboard

U Mit einem MP3-Player

In wen ist Olli verliebt?

S In Mia

L In Pia

T In Nelli

Olli hat die CD

I	geliehen.
T	gekauft.
A	gesungen.

Olli tanzt mit

L	Mama.
K	Hüftschwung.
N	Mia.

Die Buchstaben neben den richtigen
Antworten ergeben ein Lösungswort:

— — — — —

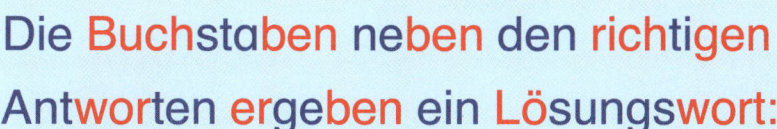

43

Olli hört nichts

Die Musik bricht plötzlich ab.

„Manno!", ruft Olli empört.

„Ausgerechnet an der besten Stelle!"

„Du hörst ja sonst nichts", sagt Mama.

„Hab ich was verpasst?", fragt Olli.

„Du sollst bitte das Altpapier wegbringen."

„Das hab ich gern überhört!", knurrt Olli.

„Du wirst noch mal taub, wenn du
den ganzen Tag diesen Krach
in den Ohren hast!", sagt seine Mutter.
Die Zeitungen sind in Pakete gebündelt.
Murrend packt Olli sie auf den
Gepäckträger seines Fahrrads.

Die Sammelstelle ist beim Supermarkt.
Gleich neben dem großen Parkplatz.
Sonntags, wenn keine Autos parken,
treffen sich Olli und seine Freunde
oft dort zum Skaten.
Heute ist alles vollgeparkt.
Olli wirft die Zeitungen
in den Altpapiercontainer.

Da entdeckt er Ali aus seiner Klasse.

Der fährt gerade im alten Buggy

seiner kleinen Schwester

die leeren Flaschen zum Glascontainer.

Die beiden bedauern sich,

weil sie zu Hause helfen müssen.

„Immer trifft es die Kleinsten", sagt Ali,

der der Größte in der Klasse ist.

Olli grinst. „Ja, genau!"

47

Als Olli heimkommt, ist keiner da.
Papa ist noch im Büro und
Mama ist mit Nelli beim Kinderarzt.
„Super!", murmelt Olli. „Jetzt nervt keiner,
wenn ich Musik höre!"
Er steckt wieder die Kopfhörer ins Ohr.

Dann setzt er sich aufs Sofa.
Er dreht die Musik ganz laut auf
und träumt davon, ein DJ zu sein
und auf Partys aufzulegen.
Auf Partys, auf denen auch Mia ist.
Dass das Telefon klingelt,
hört Olli nicht.

Leserätsel

Olli und Ali treffen sich sonntags oft

A	zum Beten.
O	zum Skaten.
E	zum Flöten.

Was fährt Ali im Buggy spazieren?

R	Seine Schwester
S	Seine Oma
H	Leere Flaschen

DJ (sprich: Die-Dschei) ist die Abkürzung für

M	Dicker Junge.
R	Disc-Jockey.
T	Dunkle Jeans.

50

Die Buchstaben neben den richtigen
Antworten ergeben ein Lösungswort:

— —— ——

Olli bringt Altpapier zum Container.
Welchen Weg muss er nehmen?

Die Buchstaben auf dem richtigen Weg
ergeben ein Lösungswort:

— — — — — — — —

Ohren auf!

Am Montag in der Schule gibt Olli
Mia die CD zurück.
„War super!", sagt er. „Vielen Dank!"
„Schade, dass du am Freitag nicht
da warst!", sagt Mia. „Wir hatten
Zirkuskarten. Meine Cousine ist krank
geworden. Da hab ich bei dir angerufen.
Aber du warst nicht zu Hause."
„Ich war da", sagt Olli. „Wahrscheinlich
hab ich das Telefon nicht gehört, weil …"
„Weil du wieder einen Knopf
im Ohr hattest?", seufzt Mia.

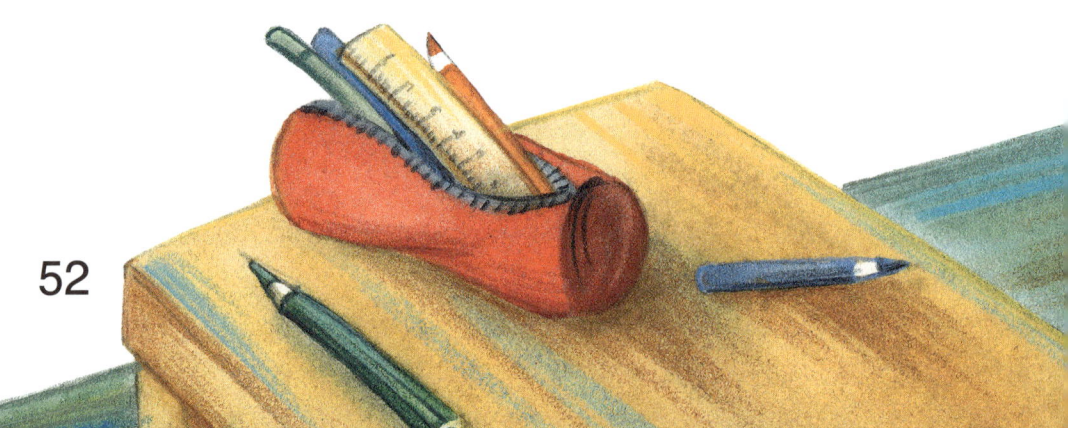

„Wir können uns ja heute Nachmittag
treffen", schlägt Olli vor.
Mia nickt. „Aber nur, wenn du
die blöden Stöpsel nicht im Ohr hast.
Es nervt, mit einem zu reden,
der nicht zuhört!"

Sie verabreden sich
auf dem Abenteuerspielplatz.
Olli zieht sein schönstes T-Shirt an.
Er putzt die Zähne, kämmt die Haare
und macht sich auf den Weg.
Ohne Knopf im Ohr.
Deshalb hört er auch zum ersten Mal
in diesem Jahr die Vögel singen.
Der kleine Bach rauscht.
Die Enten quaken.
Wie schön die Welt ist, wenn man sie hört!

Jetzt entdeckt Olli auch Mia.
Wie eine Prinzessin steht sie
auf dem Turm der Kletterburg.
Sie winkt und ruft: „Hallo Olli,
komm schnell in die Burg!
Ein Feuer speiender Drache hat
sich in den Büschen versteckt.
Magst du mein Ritter sein?"
Nichts lieber als das, denkt Olli
und rennt los.

Infoseite
Das Ohr

Das Ohr ist ein sehr empfindliches Sinnesorgan.
Man teilt es in drei Bereiche auf:

Zum Außenohr gehören die Ohrmuschel,
die Schmalzdrüsen, der Gehörgang und das
Trommelfell. Von außen sieht man nur den
äußeren Gehörgang. Dieser wird vom
Trommelfell verschlossen. Das Trommelfell
ist eine elastische dünne Haut.

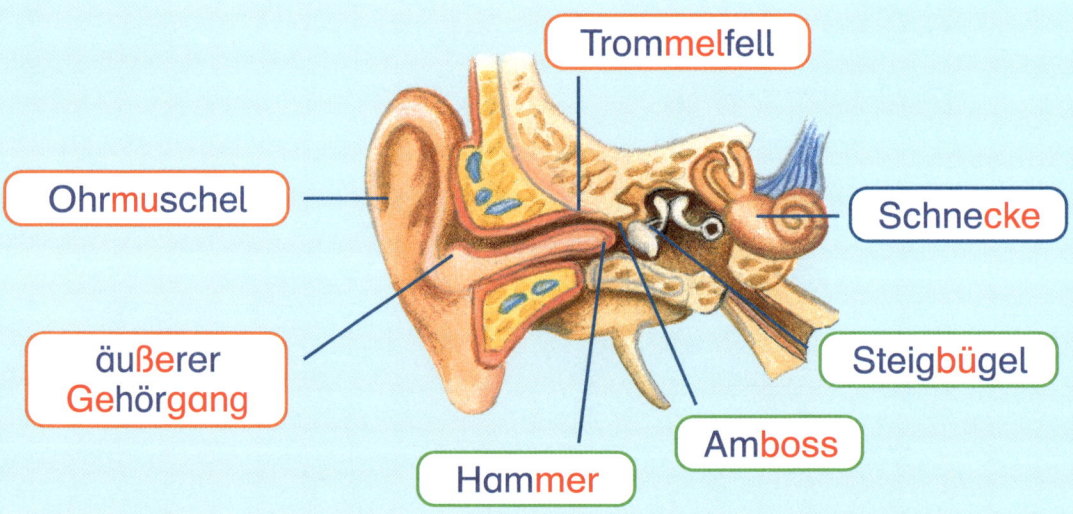

Ohrmuschel

äußerer
Gehörgang

Trommelfell

Schnecke

Steigbügel

Amboss

Hammer

Hinter dem Trommelfell liegt das Mittelohr.
Darin befinden sich die Gehörknöchelchen:
Hammer, Amboss und Steigbügel.

Das Innenohr bildet das eigentliche Hörorgan.
Darin befinden sich die Schnecke und der Gehörnerv
und außerdem der Gleichgewichtssinn.

So **funk**tioniert **das** Ohr:

Wir hören laute, leise, nahe, ferne, hohe, tiefe, lange oder kurze Töne. Sie dringen als Schallwellen durch die Luft an das Ohr. Die Schallwellen werden von der Ohrmuschel aufgefangen. Durch den Gehörgang gelangen sie zum Trommelfell, das durch den Aufprall in Schwingung gerät.

Das Trommelfell leitet die Schwingungen an die Gehörknöchelchen weiter und diese leiten sie an das Innenohr weiter. Dort werden die Schwingungen in Signale umgesetzt und über die Nerven an das Gehirn weitergegeben. Das Gehirn sagt uns dann, was wir hören.

57

S. 42/43:

Olli trägt ständig einen Knopf im Ohr.

Olli flitzt mit einem MP3-Player durch die Gegend.

Olli ist in Mia verliebt.

Olli hat die CD geliehen.

Olli tanzt mit Hüftschwung.

Das Lösungswort lautet MUSIK.

S. 50/51:

Olli und Ali treffen sich sonntags oft zum Skaten.

Ali fährt im Buggy leere Flaschen spazieren.

DJ ist die Abkürzung für Disc-Jockey.

Das Lösungswort lautet OHR.

Das Lösungswort lautet RECYCLING.

Lösungen

Marie küsst einen Frosch

Eine Geschichte von Christian Tielmann
mit Bildern von Kerstin M. Schuld

Die Prinzessin

Maries Schulklasse will beim Schulfest
ein Märchen aufführen.
„Wir brauchen eine Fee, eine Prinzessin,
einen Prinzen, einen Frosch, ein Nashorn,
ein Wildschwein, einen Lehrer
und ein paar Räuber",
sagt Herr Baum, der Lehrer.
„Ich will die Prinzessin sein!", ruft Lilly.
„Ich auch!", ruft Johanna.
„Ich auch!", ruft Marie.

Und auch die anderen Mädchen
wollen am liebsten
die Prinzessin sein.
„Die Prinzessin muss aber
den Frosch küssen und
der Prinz muss die Prinzessin küssen",
sagt Herr Baum.
Marie ist das egal.
Sie will trotzdem
die Prinzessin spielen.

„Küssen?", ruft Jaro.
„Küssen ist doch total peinlich!
Ich bin jedenfalls kein Prinz!"
„Ich auch nicht!", ruft Finn.
„Ich auch nicht!", ruft Leon.
Schade, denkt Marie.
Denn Leon wäre ein prima Prinz,
findet sie.

Aber natürlich nur,
wenn Marie die Prinzessin wäre.
„Dann losen wir am besten aus,
wer Prinzessin und
wer Prinz wird",
sagt Herr Baum.
Jeder Junge und jedes Mädchen
muss ein Los ziehen.

Bitte, bitte, liebes Prinzessinnen-Los.

Nimm mich!, denkt Marie.

Dann kneift sie die Augen zu

und zieht ihr Los.

Aber noch bevor sie es lesen kann,

schreien die Jungen:

„Leon ist der Prinz!"

Marie faltet ihren Zettel auf.

Und da steht es: „Prinzessin!"

„Und Marie ist die Prinzessin!",
brüllt Julia.
„Typisch Marie!
Die hat einfach immer Glück",
motzt Lilly.
Und auch die anderen Mädchen
sind traurig.
Aber dann ruft Jaro:
„Leon und Marie!
Das Liebespaar!
Küsst euch mal!"

Leserätsel

Was macht Maries Klasse
auf dem Schulfest?

J Sie führt ein Märchen auf.

P Sie brät ein Wildschwein.

L Sie küsst den Lehrer.

Warum lässt Herr Baum
die Schüler Lose ziehen?
Kreuze zwei richtige Antworten an:

A Weil alle das Wildschwein
   spielen wollen.

U Weil alle Mädchen die Prinzessin
   sein wollen.

L Weil kein Junge den Prinzen
   spielen will.

E Weil alle Jungen die Prinzessin
   küssen wollen.

68

Wer wird Prinz und wer wird Prinzessin?

B Jaro

S Julia

I Leon

U Lilly

B Finn

A Marie

X Herr Baum

M Johanna

Die Buchstaben neben den richtigen
Antworten verraten dir, welches Kind
den Frosch spielt:

__ __ __ __ __

Kröte und Nilpferd

„Nie im Leben küss ich die Marie!",
sagt Leon trotzig.
„Die stinkt doch wie eine alte Kröte."
Seine Freunde Jaro und Finn lachen.
Dabei meint Leon
das gar nicht richtig ernst.
Denn eigentlich findet er Marie klasse.
Und er würde sie sogar ganz gerne
mal küssen.

Aber Leon will, dass Jaro aufhört,
dauernd vom Liebespaar zu reden.
„Ich stinke nicht wie eine Kröte!",
ruft Marie wütend.
„Und von so einem Nilpferd wie Leon
lasse ich mich sowieso nicht küssen!"
Johanna und Lilly kichern.

„Sag noch mal,
dass ich ein Nilpferd bin,
dann drehe ich dir den Hals um!"
Leon ballt die Fäuste.
„Glaubst du etwa,
ich hab Angst vor dir?"
Marie lacht.

„Das reicht jetzt!",
ruft Herr Baum.
„Ihr müsst euch nicht wirklich küssen.
Es ist doch nur ein Theaterstück.
Ihr tut nur so,
als würdet ihr euch küssen.
Aber in Wirklichkeit küsst ihr in die Luft!"

In den nächsten Tagen
macht die Schule plötzlich Spaß.
Denn die Klasse übt das Theaterstück.
Und Marie merkt sich ganz genau,
was sie als Prinzessin alles machen muss.
Die Fee im Märchen sagt der Prinzessin,
dass sie einen Frosch küssen soll.
Aber die Prinzessin ist vergesslich.

74

Sie küsst zuerst ein Nashorn.

Das Nashorn verwandelt sich

in einen Räuber.

Dann küsst die Prinzessin ein Wildschwein.

Das Wildschwein verwandelt sich

in einen Lehrer.

Dann erst küsst die Prinzessin den Frosch.

Der Frosch verwandelt sich in einen Prinzen.

Leserätsel

Wen beschimpft Leon als Kröte?

JU Das Wildschwein

JA Marie

LI Den Frosch

Warum küsst die Prinzessin im Märchen zuerst ein Nashorn und ein Wildschwein?

NE Die Fee hat ihr gesagt, dass sie alle Tiere küssen soll, die sie finden kann.

LI Die Prinzessin findet Wildschweine lecker.

RO Die Prinzessin hat vergessen, was die Fee ihr gesagt hat.

Die Buchstaben neben den richtigen Antworten verraten dir, welches Kind das Wildschwein spielt: __ __ __ __

76

Ein verdrehtes Märchen! Weißt du noch,
wer sich in wen verwandelt?
Ergänze die fehlenden Buchstaben.

Das N A __ H __ R __

verwandelt sich in einen

__ Ä U ☐ __ ☐ ,

das W __ __ ☐ S C H W ☐ __ __

in einen L E H __ __ ☐ ,

der F ☐ O __ __ __ in

einen P R ☐ __ Z E N.

Die Buchstaben in den
Kästchen verraten dir zwei berühmte
Märchenerzähler:
die __ __ Ü __ __ __ G __ __ MM.

Ein echter Kuss

Bei der Aufführung auf dem Schulfest
ist Marie ganz aufgeregt.
Sie küsst erst das Wildschwein
und das Nashorn.
Das Publikum lacht sich schlapp.
Dann küsst Prinzessin Marie
endlich den Frosch.
Da stolpert Prinz Leon auf die Bühne
und sagt: „Hallo Prinzessin!
Danke, dass du mich erlöst hast."
Und Prinz Leon küsst Marie!
Und zwar ganz echt!
„Du bist doch keine alte Kröte",
flüstert der Prinz.

79

Plötzlich fühlt sich Marie auch
wie verzaubert.
Sie hat ihren Text vergessen.
Und sie küsst Leon einfach zurück,
obwohl das gar nicht im Stück steht.
Das Publikum klatscht begeistert Beifall.
Prinz Leon wird knallrot im Gesicht
und murmelt: „Danke, Marie.
Äh, ich meine: Prinzessin!"
Marie wird genauso rot und antwortet:
„Selber danke, Leon. Äh, Frosch.
Quatsch! Prinz!"

Maries geheimes Küsse-Buch

Küsserin: Mama
Geküsste Stelle: Stirn
Art des Kusses: Gute-Nacht-Kuss
Note: Gut zum Einschlafen (2+)

Küsserin: Tante Traudel
Geküsste Stelle: Wange und das halbe Gesicht
Art des Kusses: Tanten-Kuss
Note: Fürchterlich! Viel zu feucht! (5)

Küsser: Rex, der Hund von nebenan
Geküsste Stelle: Das ganze Gesicht
Art des Kusses: Abschlecken zur Begrüßung
Note: Mangelhaft! Rex stinkt. (5-)

Küsser: Opa
Geküsste Stelle: Hand
Art des Kusses: Handkuss
Note: Sehr eleganter Opa-Kuss, wunderbar (1)

Küsser: Leon
Geküsste Stelle: Wange
Art des Kusses: Prinzen-Kuss
Note: Superklasse! (1+)

Meine geheimen Lieblingsküsse

Küsserin: _____

Geküsste Stelle: _____

Art des Kusses: _____

Note: _____

Küsser: _____

Geküsste Stelle: _____

Art des Kusses: _____

Note: _____

S. 68 / 69:
Maries Klasse führt ein Märchen auf.
Herr Baum lässt Lose ziehen,
weil alle Mädchen die Prinzessin sein wollen und
weil kein Junge den Prinzen spielen will.
Leon wird Prinz. Marie wird Prinzessin.

JULIA spielt den Frosch.

S. 76 / 77:
Leon beschimpft Marie als Kröte.
Die Prinzessin hat vergessen,
was die Fee ihr gesagt hat.
JARO spielt das Wildschwein.
Das NASHORN verwandelt sich in einen RÄUBER.
Das WILDSCHWEIN verwandelt sich in einen LEHRER.
Der FROSCH verwandelt sich in einen PRINZEN.
Die beiden berühmten Märchenerzähler sind
die BRÜDER GRIMM.

Lösungen

Zoff auf dem Schulhof

Eine Geschichte von Rudolf Herfurtner
mit Bildern von Dorothea Tust

Der Junge auf dem Schulweg

Eigentlich geht Michi gern in die Schule.
Aber seit ein paar Tagen möchte er
am liebsten zu Hause bleiben.
Er darf es niemandem sagen, aber er
hat Angst. Da ist ein großer Junge.
Der wartet auf ihn. Auf dem Schulweg.
Fast jeden Tag. Auch an diesem Montag.
Er lauert an der alten Mauer, wo niemand
ihn sehen kann. Michi kennt ihn nicht.
Er will ihn auch gar nicht kennen.
Er möchte nur vorbei. Schnell vorbei,
in die Schule. Aber der Junge lässt
ihn nicht: „Stopp, du!
Kein Durchgang!"

„Ich muss in die Schule", sagt Michi.

„Kein Durchgang, sag ich!"

Michi möchte an dem Jungen vorbeilaufen.

Aber der Junge hält ihn fest und schubst ihn.

Michi stolpert und fällt hin.

Er tut sich an der Hand weh.

Gleich muss er weinen. Aber das will er nicht.

Nicht hier. Und nicht jetzt.

„Lass mich, du blöder ...!"

„Frech werden?" Der Junge schubst ihn
wieder. „Ich sag: kein Durchgang!"

„Ich muss in die Schule!", sagt Michi.

„Was zahlst du?"

Der Junge reißt ihm den Schulranzen vom Rücken und wühlt darin herum. Michi kann sich nicht dagegen wehren. Der Junge ist zu stark. Er hat ihm schon Buntstifte weggenommen, seinen roten Kuli und den neuen Spitzer. Heute fischt er Michis Pausenbrot heraus. Aber er mag es nicht, weil ein Salatblatt drauf ist: „Gemüsebrot! Pfui!" Er klaut Michi lieber den Müsliriegel und lacht gemein. „Jetzt hau ab! Und wehe, du sagst jemandem was!"

Eine Ecke weiter warten Michis Freunde.
„Wo bleibst du so lange?", fragen sie.
Soll er ihnen alles erzählen? Lieber nicht.
Der Junge ist gefährlich. Aber morgen
wird Michi einen anderen Weg in die
Schule nehmen. Sie kommen gerade
noch rechtzeitig in die Klasse.
Frau Bode, die Lehrerin, ist schon da.
„Na, das war aber knapp!", sagt sie.
„Jetzt setzt euch mal schnell hin, damit
wir anfangen können. Guten Morgen!"
„Guten Morgen, Frau Bode!"

„Also, in dieser Woche sprechen wir über Ernährung. Was ist Ernährung? Michi?"

„Das, was wir essen", sagt Michi.

„Genau", sagt Frau Bode. „Und wir wollen gleich mal schauen, was wir so alles essen. Legt bitte euer Pausenbrot auf den Tisch."

„Toll, gleich wieder Pause!", ruft Jana.

„Nein", sagt Frau Bode, „nur anschauen."

Die Kinder holen ihre Pausensachen heraus. Frau Bode schreibt die Sachen an die Tafel.

Auf die linke Seite schreibt sie:

Wurstbrötchen. Marmeladenbrot.

Brötchen mit Nuss-Nougat-Creme.

Eine Packung Kartoffelchips.

Eine Tüte Gummibärchen.

Schokoriegel. Milchschnitte.

Ein Überraschungsei.

Eine Tüte Kakao.

Eine kleine Flasche Limonade.

Und Gummischnuller. Und Esspapier.

Und eine Mohnschnecke.

Und eine Käsetasche.

Und bunte Lollis.

„Da müssen wir aber noch einiges lernen
in dieser Woche", stöhnt Frau Bode.
„Was haben wir noch?"
Deutlich schreibt sie jetzt auf die rechte
Seite der Tafel: Vollkornbrot. Knäckebrot.
Salat, Karotten und Gurkenstücke.
Paprika und kleine Tomaten.
Äpfel, Birnen, Bananen.
Nüsse und getrocknete Früchte.
Ein Stück Gemüsekuchen.
Und Früchtetee.
Und eine Tüte Vollmilch.

„Na, da haben wir doch ungefähr gleich viel
auf jeder Seite", sagt Frau Bode zufrieden.
„Was, glaubt ihr, ist der Unterschied
zwischen den beiden Spalten?"
„Glasklar!", ruft Jana. „Links sind die guten
und rechts die nicht so guten Sachen."
Die Kinder lachen und Frau Bode lacht mit.
Dann wird sie wieder ernst und sagt:
„Nein, Jana. Rechts stehen die gesunden
Sachen und links die weniger gesunden.
Und warum das so ist, das werden wir
diese Woche lernen."

Leserätsel

Was hat der große Junge
Michi schon weggenommen?

☐ Hefte, einen Radiergummi
und einen Füller

☐ Buntstifte, einen roten Kuli
und einen Spitzer

☐ Zwei Aufkleber, einen Taschenrechner
und einen Bleistift

Warum will der große Junge
Michis Pausenbrot nicht?

☐ Weil es mit einem Regenwurm belegt ist.

☐ Weil es ein Loch hat.

☐ Weil ein Salatblatt drauf ist.

☐ Der Junge mag nur Brötchen.

Was gehört wohin? Ergänze die fehlenden Buchstaben auf beiden Seiten der Tafel!

Vollmilch Salat Früchtetee
Lakritze Bananen Karotten
Schokolade Limonade Chips Kakao
Salz Knäckebrot

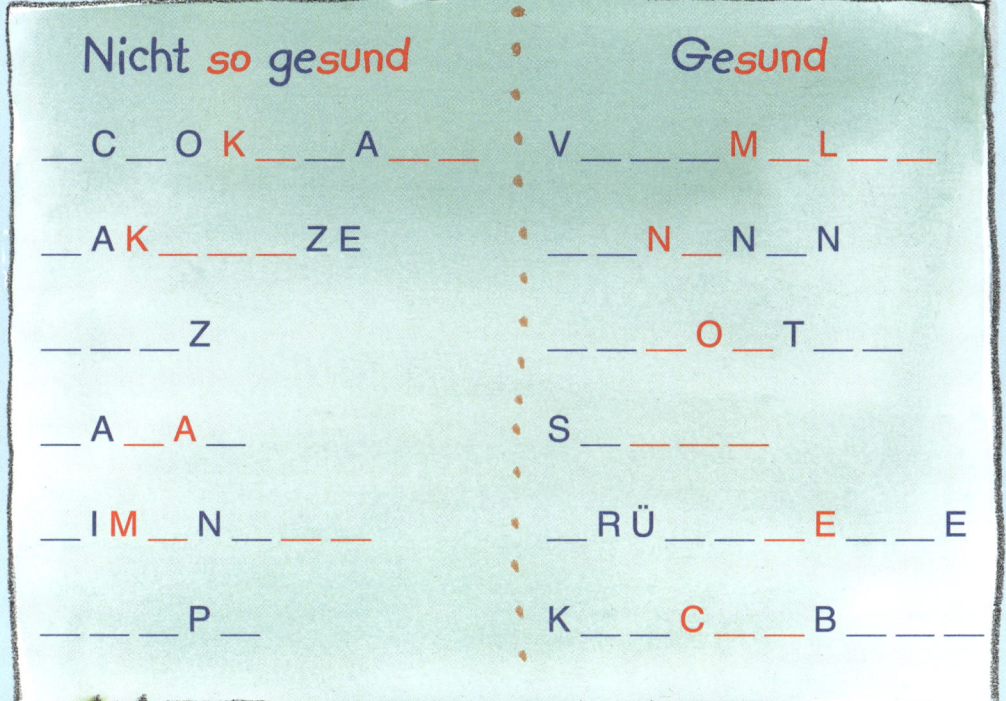

Nicht so gesund

__ C __ O K __ __ __ A __ __ __

__ A K __ __ __ __ Z E

__ __ __ Z

__ A __ A __

__ I M __ N __ __ __

__ __ __ P __

Gesund

V __ __ __ __ M __ L __ __

__ __ N __ N __ N

__ __ __ __ O __ T __ __

S __ __ __ __ __

__ R Ü __ __ __ E __ __ E

K __ __ C __ __ B __ __ __ __

Das perfekte Pausenbrot

Michi muss in dieser Woche nicht so viel lernen. Das meiste weiß er schon.

Seine Mutter gibt ihm immer ganz gesunde Sachen mit.

Heute hat er ein kleines Vollkornbrötchen. Darauf sind Frischkäse, Salat und Kräuter. Und Weintrauben. Als Michi in der Pause seine Brotdose öffnet, steht plötzlich Boris hinter ihm. Boris ist aus Russland und neu in der Klasse. Er hat nie etwas zum Essen dabei.

„Willst du?", fragt Michi. „Weintrauben?"

„Danke", sagt Boris. „Ist gut. Sehr gut!"

Am nächsten Tag geht Michi eher aus
dem Haus. Er verrät niemandem, warum.
„Pass auf dich auf!", sagt Mama.
„Ja, das mach ich", sagt er.
Und dann geht er einen weiten Umweg
in die Schule. Er hat trotzdem Angst, dass
ihn der große Junge erwischen könnte.
Er rennt ganz schnell. Immer wieder
schaut er sich um. Der Junge ist aber
nirgends zu sehen. Auch nicht am Mittwoch
und Donnerstag. Vielleicht ist Michi den
gemeinen Dieb jetzt wirklich los?

Darüber, welche Nahrung gut ist,
haben die Kinder nun schon viel gelernt.
Sie wissen, wie viel Zucker in Joghurt ist
und wie viel Fett in Leberwurst und
in Chips. Sie wissen, dass man Energie
braucht, um zu leben und zu lernen.
Und sie wissen auch, aus welchem Essen
gute Energie entsteht. Und nicht bloß
ein müder Kopf und ein dicker Po.
Am Ende der Woche soll jeder ein
perfektes Pausenbrot mitbringen, als
Hausaufgabe. Dafür gibts eine gute Note!

Am Freitag steht Michi ein kleines
bisschen früher auf. Er will sich ein
superperfektes Pausenbrot machen.
Ganz bunt: rot, braun, gelb und grün.
Rote Tomate, braunes Vollkornbrot,
gelber Käse, grüner Salat.
In das Brot schneidet er Zacken,
damit es aussieht wie ein Stern.
Er ist sicher, dass er das schönste
perfekte Pausenbrot der ganzen Klasse
haben wird.
Michi nimmt wieder den Umweg.
Sicher ist sicher!
Er rennt, so schnell er kann.
Aber plötzlich steht
der Junge vor ihm.

„Hast gedacht, ich find dich nicht?
Ich bin doch nicht dumm!"
Er schubst Michi und lacht.
„Aua!", sagt Michi. „Hör auf! Wenn du nicht
aufhörst, schrei ich. Oder ich sag es
der Polizei!" Michi ist den Tränen nahe.
„Das wagst du nicht!", sagt der Junge und
hält ihm seine Faust unter die Nase.
Dann reißt er ihm den Schulranzen vom
Rücken und nimmt ihm das Sternenbrot ab.
„Nicht das Brot!", schreit Michi. „Bitte!
Ist ein Gemüsebrot! Das magst du doch
sowieso nicht!"
„Schnauze, du Clown!", sagt der Junge
und weg ist er. Und das Brot auch.

Als Frau Bode die Pausenbrote anschauen
will, sagt Michi: „Ich hab meins vergessen."
Frau Bode ist sehr enttäuscht.
Und Michi denkt: „Jetzt sag ich ihr alles.
Sie muss mir helfen!"
Da steht Boris auf und zeigt Frau Bode ein
wunderschönes Pausenbrot. Michi erkennt
es sofort: Es ist sein Sternenbrot.
„Frau Bode, das ist ...", fängt Boris an.
„Das ist wirklich perfekt!", unterbricht ihn
Frau Bode. „Das ist das schönste
Pausenbrot, das ich je gesehen habe.
Sehr gut, Boris!"

Als Michi am Montag in die Schule geht,
sieht er den großen Jungen schon von
Weitem. Aber er ist nicht allein. Boris ist
bei ihm. Michi will weglaufen, aber Boris
hält ihn fest.
„Bleib! Ist mein Bruder. Tut dir nichts mehr.
Entschuldigung! Hier, deine Sachen."
Er gibt Michi den Spitzer und die Stifte
zurück. „Hab ich nicht gewusst!"
„Warum hast du Frau Bode nicht gesagt,
wem das Brot gehört?", fragt Michi.
„Ich war so froh. Sie hat mich noch nie
gelobt. Dich schon oft", sagt Boris.

104

Michi und Boris gehen gemeinsam
ins Klassenzimmer. Michi zeigt Frau Bode
sofort sein Pausenbrot und er bekommt
nachträglich ein „Sehr gut"!
In der Pause steht Boris wieder neben Michi.
„Wir haben nicht viel Geld, weißt du?
Mein Bruder wollte mir bloß helfen."
„Ich hab ziemliche Angst gehabt", sagt Michi.
„Das nächste Mal helf ich dir", sagt Boris.
„Okay. Ich hab zwei Tomaten.
Magst du eine?"
„Ja, gern", sagt Boris. „Danke!"

105

Leserätsel

Aus welchem Land kommt Boris?

☐ Aus Russland

☐ Aus Island

☐ Aus Finnland

☐ Aus Griechenland

Was ist auf Michis Sternenbrot?

☐ ☐ ☐ ☐

Gelbe Butter	Rote Tomate	Rosa Wurst	Roter Schinken
Rote Marmelade	Gelber Käse	Gelbe Nudeln	Grüne Gurke
Braune Streusel	Grüner Salat	Roter Ketchup	Weiße Mayonnaise

Findest du sieben Unterschiede?

Infoseite
Was kannst du tun, wenn du mal Zoff oder Probleme hast?

Es gibt Situationen, die Angst machen. Angst zu haben, ist keine Schande – weder für Jungen noch für Mädchen. Du solltest nur lernen, mit gefährlichen Situationen umzugehen und richtig zu reagieren. Diese Verhaltensweisen kannst du dir für den Ernstfall merken:

Ruhe bewahren

Ein starkes Auftreten, ein fester Blick und eine aufrechte Haltung schrecken Angreifer ab und schützen dich. Wirst du doch einmal bedroht oder angegriffen, versuche, ruhig zu bleiben.

Vorsicht ist keine Feigheit

Gefahren solltest du grundsätzlich möglichst aus dem Weg gehen. Wenn dir eine Situation komisch vorkommt, lauf weg. Das ist nicht feige, sondern schlau. Vorsicht ist sinnvoll.

Hilfe holen ist kein Petzen

Wenn du nicht weiterweißt, sprich mit einem Erwachsenen, dem du vertraust. Das können deine Eltern oder andere Verwandte, ein Lehrer oder auch ein Polizist sein.

Nicht wegschauen

Wenn ein anderes Kind in einer gefährlichen Situation ist, misch dich ein und leiste Hilfe – aber nur, wenn du dich selbst dabei nicht in Gefahr bringst! Hole Hilfe oder fordere andere Anwesende zur Unterstützung auf.

 Gewalt ist keine Lösung

In der Schule können Schüler und Lehrer gemeinsam Regeln gegen Gewalt aufstellen. An vielen Schulen gibt es sogenannte Streitschlichter. Frag deine Lehrer mal danach.

Wenn du dich bedroht fühlst, findest du hier Hilfe:

Nummer gegen Kummer

Der Verein „Nummer gegen Kummer e. V." hat ein Sorgentelefon für Kinder und Jugendliche eingerichtet. Bei kleinen und großen Problemen kannst du die Mitarbeiter unter der kostenlosen Telefonnummer 0800 116111 anrufen. Die Beratung ist vertraulich und anonym (das heißt, du musst deinen Namen nicht sagen). Die Beratungszeiten sind montags bis samstags von 14 bis 20 Uhr.

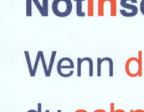 ### Notinsel

Wenn du in eine gefährliche Situation gerätst, solltest du schnell einen Ort suchen, an dem viele Menschen sind. Zum Beispiel eine Notinsel. Das sind Geschäfte, in denen die Mitarbeiter dir helfen, wenn du in Gefahr bist. Mehr über die Aktion erfährst du im Internet unter: www.notinsel.de

S. 96 / 97:

Der große Junge hat Michi Buntstifte, einen
roten Kuli und einen Anspitzer weggenommen.
Der Junge will Michis Pausenbrot nicht,
weil ein Salatblatt drauf ist.

Nicht so gesund	Gesund
SCHOKOLADE	VOLLMILCH
LAKRITZE	BANANEN
SALZ	KAROTTEN
KAKAO	SALAT
LIMONADE	FRÜCHTETEE
CHIPS	KNÄCKEBROT

S. 106 / 107:

Boris kommt aus Russland.
Auf Michis Pausenbrot sind rote Tomate,
gelber Käse und grüner Salat.

Lösungen

Fritzi kocht Nudeln

Eine Geschichte von Manuela Mechtel
mit Bildern von Alexander Steffensmeier

Nach der Schule

Alle sagen Fritzi zu Friederike.

Auch Karla.

Sogar Frau Windeleimer,

ihre Lehrerin, sagt das.

Karla ist Fritzis neue Schulfreundin.

Die beiden sitzen nebeneinander.

Heute geht Karla mit zu Fritzi.

„Gibt es bei euch auch was zu essen?",
erkundigt sich Karla.

„Na klar!", lacht Fritzi. „Meine Mama
ist die beste Köchin der Welt."

Sie klingeln.

Karla ist gespannt,
wie Fritzis Mama aussieht.

Aber niemand macht auf.

„Komisch", meint Fritzi.

Sie klingeln Sturm.

Schlurfende Schritte nähern sich der Tür.

Kaum ist die Tür einen Spaltbreit offen,

schlüpft eine Katze heraus

und streicht um Fritzis Beine.

Karla ruft: „Ist die süß!"

Karla liebt Katzen.

„Sie heißt Frau Müller", erklärt Fritzi.

Karla kichert.

„Das ist aber ein komischer Name

für eine Katze!"

Fritzis Mama hält sich
am Türrahmen fest.
Sie ist im Bademantel
und ganz grün im Gesicht.

„Fritzi!", stöhnt sie matt.

„Mir ist furchtbar schlecht.

Ich geh gleich wieder ins Bett.

Ihr müsst euch selbst versorgen.

Oder auf Paul warten.

Tut mir echt leid!"

118

Paul ist Fritzis großer Bruder.
Er geht schon in die 5. Klasse.
Fritzis Mama wankt zurück
ins Schlafzimmer.
„Ich hab aber Hunger!", klagt Karla.
„Kochen wir uns eben selber was!",
schlägt Fritzi vor.
Karla staunt.

Leserätsel

In welcher 1. Klasse sitzen Karla und
Fritzi nebeneinander? Kreuze an.

- [ ] Im Flugzeug
- [ ] Im Schiff
- [ ] Im Zug
- [ ] In der Schule

Warum hat Fritzis Mama heute
nichts gekocht?

- [ ] Sie hat keine Lust.
- [ ] Sie ist krank.
- [ ] Sie hat es vergessen.

Welche Farbe hat das Gesicht von Fritzis Mama? Male an und trage die richtige Farbe ein:

— — — —

Welches Haustier lebt bei Fritzis Familie?

R	Klapperschlange	K	Katze
M	Kreuzspinne	R	Kauz
K	Königstiger	M	Kuh
K	Känguru		
R	Krokodil		
M	Koalabär		
K	Kamel		

In der Küche

Als Erstes guckt Fritzi in den Kühlschrank.

Sie holt sechs Tomaten heraus

und eine Dose geriebenen Käse.

Im Küchenschrank findet Fritzi

eine Packung Nudeln.

„Na also!", sagt sie zufrieden.

„Heute gibt es mein Lieblingsessen:

Nudeln mit Tomatensoße."

Fritzi füllt einen großen Topf voll Wasser
und schleppt ihn zum Herd.
Sie schüttet Salz hinein.
Aber nur ein bisschen.
Das macht ihre Mama auch immer so.
Fritzi hat das oft gesehen.

Karla fragt: „Darfst du denn den Herd
alleine anmachen?"
Das darf sie nicht.
Das hat Fritzi glatt vergessen!
Zum Glück kommt gerade Paul
aus der Schule.
Er hat einen Bärenhunger.

Er macht den Herd an.

Karla reißt die Packung Nudeln auf.

Aber die dürfen erst ins Wasser,

wenn es kocht.

Paul sieht nach Mama.

Fritzi und Karla schneiden

die Tomaten in kleine Stücke.

Für die Soße.

Das ist ganz schön viel Arbeit!

Frau Müller pirscht auf leisen Pfoten
zu den Nudeln.
Sie will sie aus der Packung angeln.
Sie sind aber zu glatt.
Frau Müller faucht wütend.
Sie schlägt die Zähne in die Packung
und zerrt sie wild hin und her.
Alle Nudeln fliegen auf den Küchenboden!

126

„Frau Müller!", schreit Fritzi.

Paul kommt zurück.

„Mama braucht Tee", sagt er.

Dann sieht er die Bescherung.

Sie sammeln alle Nudeln wieder ein

und werfen sie in den Topf.

Das Wasser kocht schon.

Karla rührt um, damit die Nudeln

nicht zusammenkleben.

Leserätsel

Was ist Fritzis Lieblingsessen?
Kreuze an.

☐ Spinnenmus auf Spinat

☐ Gefrorene Froschschenkel

☐ Algensalat mit saurem Fisch

☐ Geröstete Heuschrecken

☐ Nudeln mit Tomatensoße

Wer hilft beim Kochen?

☐ Mama

☐ Karla

☐ Frau Müller

☐ Paul

128

Was kommt immer ins Nudelwasser?

☐ Waschpulver ☐ Wasserfarbe

☐ Salz

Wie viele Tomaten schneiden Fritzi und Karla in kleine Stücke? Mache einen Kringel um die richtige Zahl.

1 2 3 4 5 6 7 8 9 10 100 1000

Wer schleudert die Nudeln auf den Boden?

☐ Frau Huber ☐ Frau Bauer

☐ Frau Schmidt ☐ Frau Müller

☐ Frau Mechtel ☐ Frau Schuster

☐ Frau Windeleimer

☐ Frau Blau

Richtig lecker!

Paul stellt den Teekessel auf den Herd
und noch einen kleinen Topf.
Als er heiß ist,
kippt er Olivenöl rein
und Fritzi die Tomatenstücke.
Es zischt.
Fritzi streut etwas Salz darüber
und ein grünes Gewürz aus einem Glas.
Mama nimmt das auch immer.
„Oregano" steht darauf.

Karla schnuppert:
„Du kannst ja echt gut kochen!"
Fritzi verfeinert die Soße
mit Wasser und Tomatenmark.
„Die Nudeln sind fertig!", verkündet Karla.
Sie hat eine mit dem Kochlöffel
herausgefischt und probiert.
Das Teewasser kocht auch gerade.
Paul weiß gar nicht,
was er zuerst tun soll!

131

Schließlich dampfen die heißen Nudeln
im Sieb, die Herdknöpfe sind alle aus
und Mama nippt an ihrer Tasse Tee.
Frau Müller schnurrt auf Karlas Schoß.
Drei Teller füllt Fritzi voll Nudeln
mit Tomatensoße und streut Käse
obendrauf.

Ein paar Nudeln kommen
in den Katzennapf.
Frau Müller freut sich.
Karla kann es nicht fassen.
„Eine Katze, die Nudeln frisst?!"
„Frau Müller liebt Nudeln", nuschelt
Paul mit vollem Mund.
„Und unsere hier sind doch
einsame Spitze, finde ich!"
„Ich auch!", nickt Karla vergnügt.
Fritzi ist froh.

Infoseite
Rezept für Nudeln mit Tomatensoße

Lesen kannst du jetzt alleine. Beim Kochen ist
es besser, sich von einem Erwachsenen helfen
zu lassen, bis man es perfekt kann.
Und heiße Töpfe nur mit Topflappen anfassen!

Du brauchst:
250 g Nudeln
1 großen Topf Wasser
Salz

Für die Soße:
1 kleineren Topf
250 g Hackfleisch
1 kleine Zwiebel
3 EL Öl
1 kleine Dose Tomatenmark
1 Dose pürierte Tomaten
Salz
Pfeffer

Zum Bestreuen:
 geriebenen Käse

- Schäle die Zwiebel und schneide
  sie in kleine Würfelchen.
- Öl im kleineren Topf heiß werden
  lassen und die Zwiebelstücke
  darin rühren, bis sie durchsichtig
  aussehen.
- Hackfleisch dazugeben und
  unter Rühren anbraten,
  bis es krümelig und braun ist.
- Mit etwas Salz und wenig Pfeffer würzen.
- Das Tomatenmark unterrühren und
  die pürierten Tomaten zugeben.
- Den großen Topf mit dem Wasser aufsetzen
  und das Wasser zum Kochen bringen.

Wenn das Wasser kocht:

- 1 TL Salz und die Nudeln dazugeben.
  Vorsicht: Der Topf ist sehr heiß!
- Nudeln mit dem Kochlöffel vorsichtig unter
  Wasser drücken und langsam umrühren.
- Kochen, bis sie weich sind (wie lange,
  steht auf der Packung).
- In ein Sieb abschütten.
  Vorsicht mit dem heißen Dampf!

Guten Appetit!

S. 120 / 121:
Karla und Fritzi sitzen in der Schule nebeneinander.
Fritzis Mama ist krank.
Ihr Gesicht ist ganz grün.
Bei Fritzis Familie lebt eine Katze.

S. 128 / 129:
Fritzis Lieblingsessen sind Nudeln
mit Tomatensoße.
Beim Kochen helfen Karla und Paul.
Ins Nudelwasser kommt Salz.
Sie schneiden sechs Tomaten in Stücke.
Frau Müller schleudert die Nudeln auf den Boden.

Lösungen

Alles, nur nicht Pink!

Eine Geschichte von Ursel Scheffler
mit Bildern von Marion Elitez

Fußball und Klamotten

Seit dem letzten Herbst
sind Anna und Lucy in der 2a.
Genau wie Karla, Mia,
Anton, Ali, Pit und Olli.
Weil sie nah beieinanderwohnen,
treffen sie sich morgens auf dem Schulweg.
Früher sind sie immer alle
gemeinsam gegangen.

Aber jetzt rennen die Jungen
meist vorweg.
Sie tauschen Fußballbilder,
reden über Autos oder über
die Bundesliga.
Männersachen eben.
Die Mädchen laufen langsamer hinterher.
Sie haben sich eine Menge zu erzählen.

„Meine Tante Mara ist beim Fernsehen.
Die hat total coole Klamotten!",
erzählt Lucy.
„Mein Onkel Max ist Bauchredner!",
kichert Mia. „Der kann seinen Stoffraben
pupsen lassen."
Das finden die anderen noch toller!

142

„Wartet einen Augenblick", sagt Karla,
als sie beim Kiosk vorbeikommen.
„Ich hole mir einen Müsliriegel."
Lucy blättert in einer Modezeitschrift.
„Dafür wäre mir mein Taschengeld
zu schade", sagt Anna.
„Komm, wir müssen weiter!"

In der großen Pause spielt Karla
mit den Jungen Fußball.
„Hast du gesehen, wie Karla
dem frechen Anton den Ball
abgeluchst hat?", sagt Mia zu Anna.
„Toll!"

Und dann reden sie über die Jungs.

„Ich finde Olli am besten", sagt Mia.

„Und ich Ali", sagt Anna.

„Der muss immer die alten Klamotten
von seinem großen Bruder auftragen",
sagt Lucy und rümpft die Nase.

„Darauf kommt es doch nicht an!",
sagt Anna.

„Also, ich finde Klamotten schon wichtig",
sagt Lucy. „Heute Nachmittag gehe ich
mit meiner Tante shoppen."

Leserätsel

Was sind Klamotten?

| T | Kleine Tiere, die Löcher in Pullover fressen |

| S | Lässige Bezeichnung für Kleider |

| P | Geklaute Kleidungsstücke |

„Ich gehe shoppen" heißt:

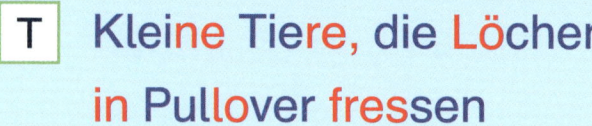

| E | Ich trinke ein Fläschchen. |

| R | Ich schlafe eine Runde. |

| C | Ich kaufe ein. |

Wen findet Anna am besten?

| I | Olli |

| H | Ali |

| K | Superman |

Mias Onkel Max ist

O   Seiltänzer.

R   Bauchredner.

T   Pupsweltmeister.

Lucys Tante Mara arbeitet

EI   beim Fernsehen.

AU   bei der Zeitung.

AI   am Kiosk.

Die Buchstaben neben den richtigen
Antworten ergeben ein Lösungswort:

der letzte __ __ __ __ __ !

Ein Traum in Rosa?

„Wie siehst du denn aus!", ruft Anna,
als Lucy am nächsten Tag
zum Treffpunkt an der Eisdiele kommt.
Lucy hat einen rosa Tüllrock und
rosa Leggings an.
Außerdem noch rosa Glitzerschuhe.
„Ich finde das schick", sagt Lucy trotzig.
„Aber praktisch ist es nicht",
sagt Anna.

Doch Lucy lässt sich von ihrem
Modefimmel nicht so schnell abbringen.
Schließlich will sie mal Model werden.
Oder zum Fernsehen, wie Tante Mara.
Dann werden alle gucken.
Auch die, die jetzt Karla bewundern
oder über Annas Witze lachen.

149

Jeden Tag fällt Lucy etwas Neues ein.
Sie lackiert sich die Fingernägel pink.
Sie klebt Tattoo-Bilder auf Arme und
Bauch und färbt sich rosa Strähnchen
ins Haar.

„Jetzt spinnt sie voll", sagt Anna zu Mia.
Auch die Jungen lachen über Lucy.
„Die sieht aus wie die Barbie-Puppe
von meiner kleinen Schwester!", sagt Pit.
„Aufgebrezelt wie eine Zirkusprinzessin",
grinst Olli.
„Hast du auch ein rosa Tattoo am Po?",
fragt Anton frech.

Lucy dreht sich um und
kämpft mit den Tränen.
Da tut sie Anna leid.
Schließlich war Lucy mal ihre Freundin.
Damals, als sie noch kein Albtraum
in Pink war.

Anna versucht, mit Lucy zu reden.
Aber die ist störrisch.
Sie hat ihre rosa Glitzerwelt im Kopf
und sonst nichts.

Leserätsel

Was ist ein Tattoo?

N Ein Feuerwehrauto

M Eine Tätowierung

F Ein Tasteninstrument

Was sind Leggings?

A Kleine Legosteine

U Junge Pinguine

O Eng anliegende Hosen

Was ist bei Schweinchen, Himbeereis
und Heckenrosen gleich?

S Geruch

H Geschmack

D Farbe

154

Was ist ein Albtraum?

N   Ein rosa Traum

E   Ein böser Traum

F   Ein alberner Traum

Die Buchstaben neben den richtigen
Antworten ergeben ein Lösungswort:

__ __ __ __

Löse das Kreuzworträtsel.

In den bunten Feldern ergibt sich
ein Lösungswort:

__ __ __ __ __ __

Lucy sieht rot

Da hat Anna eine Idee.

Die bespricht sie noch am gleichen Tag

mit den anderen.

„Wir beweisen Lucy,

dass es unter Freunden

nicht auf die Klamotten ankommt",

sagt Anna.

„Aber wie?", fragt Mia.

„Ganz einfach: indem wir uns alle
gleich anziehen", sagt Anna ernst.
Es dauert ein bisschen,
aber dann hat Anna alle überzeugt.
Auch die Jungen!
Karla spricht mit ihrem Trainer
vom Sportverein.
Der besorgt ganz billig 23 rote T-Shirts.
Annas Onkel Max spendiert 23 Buttons
mit dem Aufdruck „Klasse 2 a".

Als Lucy am Montagmorgen
in ihren neuen rosa Klamotten
ins Klassenzimmer kommt, sieht sie rot!
Alle Kinder in der Klasse haben
rote T-Shirts an!
Einen Augenblick lang bleibt Lucy
wie erstarrt stehen.
Sie kommt sich wie ein Fremdkörper vor.

158

Zuerst will Lucy wegrennen.

Doch dann begreift sie die Botschaft.

Sie dreht sich um und sagt:

„Okay. Ich hab verstanden.

Es kommt nicht auf die Klamotten an.

Habt ihr auch so ein rotes Teil für mich?"

„Haben wir", sagt Anna und lächelt.

„Schließlich bist du eine von uns."

Infoseite
Kleider machen Leute

Kleider machen Leute! So heißt ein altes Sprichwort. Klar, dass man immer ordentlich angezogen sein soll. Aber findest du nicht, dass Lucy übertreibt? Sie rennt jeder Modeverrücktheit nach und neigt leider dazu, auch andere nur nach ihrem Äußeren zu beurteilen.

Manche Kinder in der Klasse 2a können sich nicht so oft neue Sachen kaufen. Das macht sie traurig. Vielleicht auch neidisch.

Das ist sicher auch ein Grund, warum es in vielen Ländern Schuluniformen gibt.

Auch bei uns gibt es Schulen oder Klassen, in denen freiwillig Schulkleidung getragen wird.

Vielleicht habt ihr ja auch Lust, ein Schul-Logo oder ein Klassen-T-Shirt zu entwerfen?

Grundschule Oeller

S. 146/147:
Klamotten sind eine lässige
Bezeichnung für Kleider.
„Ich gehe shoppen" heißt: Ich kaufe ein.
Anna findet Ali am besten.
Mias Onkel Max ist Bauchredner.
Lucys Tante Mara arbeitet beim Fernsehen.
Das Lösungswort lautet: der letzte SCHREI!

S. 154/155:
Ein Tattoo ist eine Tätowierung.
Leggings sind eng anliegende Hosen.
Schweinchen, Himbeereis und Heckenrosen
haben die gleiche Farbe: Rosa.
Ein Albtraum ist ein böser Traum.
Das Lösungswort lautet: MODE.

M	Ü	T	Z	E	
K	L	E	I	D	
		R	O	C	K
J	A	C	K	E	
S	C	H	U	H	E
B	L	U	S	E	

Das Lösungswort lautet: ZIRKUS.

Lösungen

Lesen lernen mit der Lesemaus

Liebe Eltern,

alle Kinder wollen lesen lernen. Sie sind von Natur aus wissbegierig. Diese Neugierde Ihres Kindes können Sie nutzen und das Lesenlernen frühzeitig fördern. Denn Lesen ist die Basiskompetenz für alles weitere Lernen. Aber Lesenlernen ist nicht immer einfach. Es ist wie mit dem Fahrradfahren: Man lernt es nur durch Üben – also durch Lesen.

Lesespaß mit Lesepass

Je regelmäßiger Ihr Kind übt, desto schneller und besser wird es das Lesen beherrschen. Eine schöne Motivation kann dabei ein Lesepass sein, den Sie zusammen mit Ihrem Kind basteln können.
Vereinbaren Sie mit ihm eine kleine Belohnung, die es für eine bestimmte Anzahl an Trainingsminuten gibt. Eine Leseeinheit können zum Beispiel 10 Minuten sein. Für jede Leseeinheit gibt es einen Sammelpunkt – und nach einer zu vereinbarenden Anzahl von Punkten dann die kleine Belohnung.

Wie können Sie Ihr Kind beim Lesenlernen unterstützen?

Je positiver Kinder das Lesen erleben, desto motivierter sind sie, es selbst zu lernen. Versuchen Sie, Ihrem Kind

ein Vorbild zu sein. Zeigen Sie Ihrem Kind, dass Lesen und Schreiben zum Alltag gehören. Etablieren Sie gemeinsame Leserituale. So erfährt Ihr Kind: Lesen macht Spaß!

Lesen Sie Ihrem Kind mindestens bis zum Ende der Grundschulzeit vor. Auch wenn Ihr Kind zunehmend eigenständig liest, bleibt das Vorlesen ein schönes und sinnvolles Ritual.

Lesen lernen mit der Lesemaus

Jedes Kind lernt unterschiedlich schnell lesen. Orientieren Sie sich bei der Auswahl von Erstlesebüchern daher an den Interessen und Lesefähigkeiten Ihres Kindes. Die Geschichten sollen Ihr Kind fordern, aber nicht überfordern. Die Lesemaus zum Lesenlernen bietet spannende und leicht verständliche Geschichten für Leseanfänger. Altersgerechte Illustrationen helfen, das Gelesene zu verstehen.

Mit lustigen Leserätseln können die Kinder ihre Lernerfolge spielerisch selbst überprüfen. Außerdem gibt es in jedem Band interessante Sachinfos für Jungen und Mädchen.

Ihnen und Ihrem Kind viel Spaß beim Lesen!

Lesenlernen mit Spaß

Lesespaß mit

Starke Conni-Silben-Geschichten zum Lesenlernen

978-3-551-06638-1

Lesenlernen mit

Starke Tier-Geschichten zum Lesenlernen

978-3-551-06642-8

Lesenlernen mit

Starke Silben-Geschichten mit Tieren

978-3-551-06645-9

Lesenlernen mit

Die spannendsten Blaulicht-Silben-Geschichten

978-3-551-06651-0

Lesenlernen mit

Die besten Abenteuer-Silben-Geschichten

978-3-551-06654-1

978-3-551-06644-2

978-3-551-06646-6

978-3-551-06620-6

978-3-551-06649-7

978-3-551-06643-5

978-3-551-06650-3

Mit Conni

978-3-551-18960-8

Noch mehr Lesespaß!

978-3-551-18937-0

978-3-551-18792-5

978-3-551-18791-8

Mit der Schule der magischen Tiere

978-3-551-65592-9

978-3-551-65591-2

978-3-551-65593-6

Mit der Lesemaus

978-3-551-06641-1

978-3-551-06648-0

978-3-551-06652-7

978-3-551-06653-4

Mit Minecraft

978-3-551-06844-6

978-3-551-06845-3

978-3-551-06846-0

978-3-551-06847-7

978-3-551-06848-4

MIT DER MAUS DIE WELT ENTDECKEN!

Ab 7 Jahren
€ 5,99 (D) | € 6,20 (A)

Ab 7 Jahren
€ 9,99 (D) | € 10,10 (A)

Ab 8 Jahren
€ 15,00 (D) | € 15,50 (A)